Impressum
Verlag: BABADADA GmbH, Nedderfeld 112 , 22529 Hamburg
Geschäftsführer / Verlagsleitung: Harald Hof
Druck: Books on Demand GmbH, In de Tarpen 42, 22848 Norderstedt

Imprint
Publisher: BABADADA GmbH, Nedderfeld 112 , 22529 Hamburg, Germany
Managing Director / Publishing direction: Harald Hof
Print: Books on Demand GmbH, In de Tarpen 42, 22848 Norderstedt, Germany

xue xiao

ቤት-ትምህርቲ

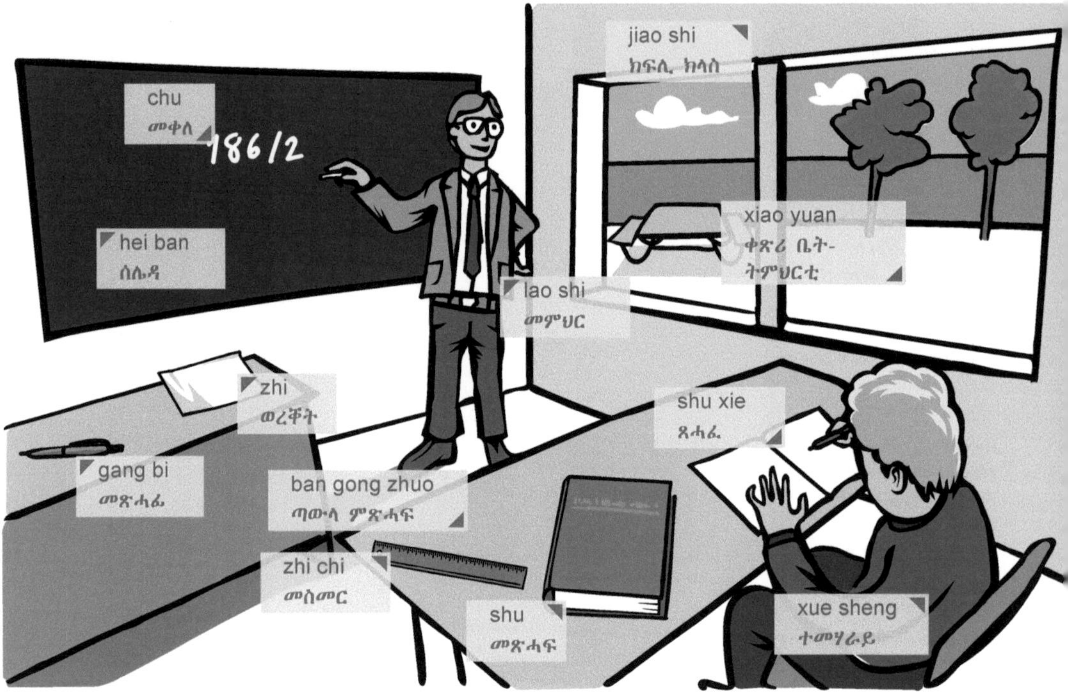

jiao shi
ክፍሊ ክላስ
chu
መቀለ
186/2
hei ban
ሰሌዳ
xiao yuan
ቀጽሪ ቤት-ትምህርቲ
lao shi
መምህር
zhi
ወረቐት
shu xie
ጸሓፈ
gang bi
መጽሓፊ
ban gong zhuo
ጣውላ ምጽሓፍ
zhi chi
መስመር
shu
መጽሓፍ
xue sheng
ተመሃራይ

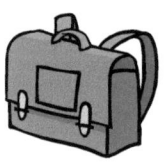

shu bao

ሳንጣ ትምህርቲ

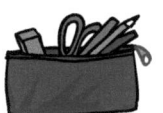

qian bi he

ሰፈር ብርዒ

qian bi

ርሳስ

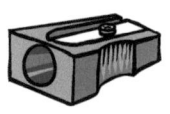

juan bi dao

መብልሒ ርሳስ

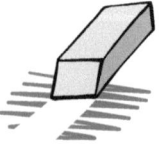

xiang pi ca

መደምሰሲ

hua ban

ጥራዝ ስእሊ

tu hua

ስእሊ

hua bi

ብሮሺ ቀለም

yan liao he

ቦክስ ቀለም

jian dao

መቐስ

jiao shui

መጣበቒ

lian xi ce

ጥራዝ መላመዲ

jia ting zuo ye

ዕዮ ገዛ

12

shu zi

ቁጽሪ

2+2

jia

ወሰኽ

5-2

jian

ጎደለ

2×2

cheng

ረብሓ

ji suan

ደመረ

A

zi mu

ፊደል

ABCDEFG HIJKLMN OPQRSTU VWXYZ

zi mu biao

ስርዓት ፊደላት

hello

zi

ቃል

ke wen

ጽሑፍ

du

አንብበ

fen bi

ኩርሽ

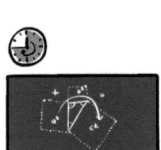

shang ke

ሰዓት

deng ji

መዝገብ ክላስ

kao shi

መርመራ

zheng shu

ሰርቲፊከት

xiao fu

ድቢዛ ቤት ትምህርቲ

jiao yu

ትምህርቲ

bai ke quan shu

ለክሲኮን

da xue

ዩኒቨርሲቲ

xian wei jing

ሚክሮስኮፕ

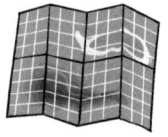

di tu

ካርታ

fei zhi kuang

ጎሓፍ ወረቓት

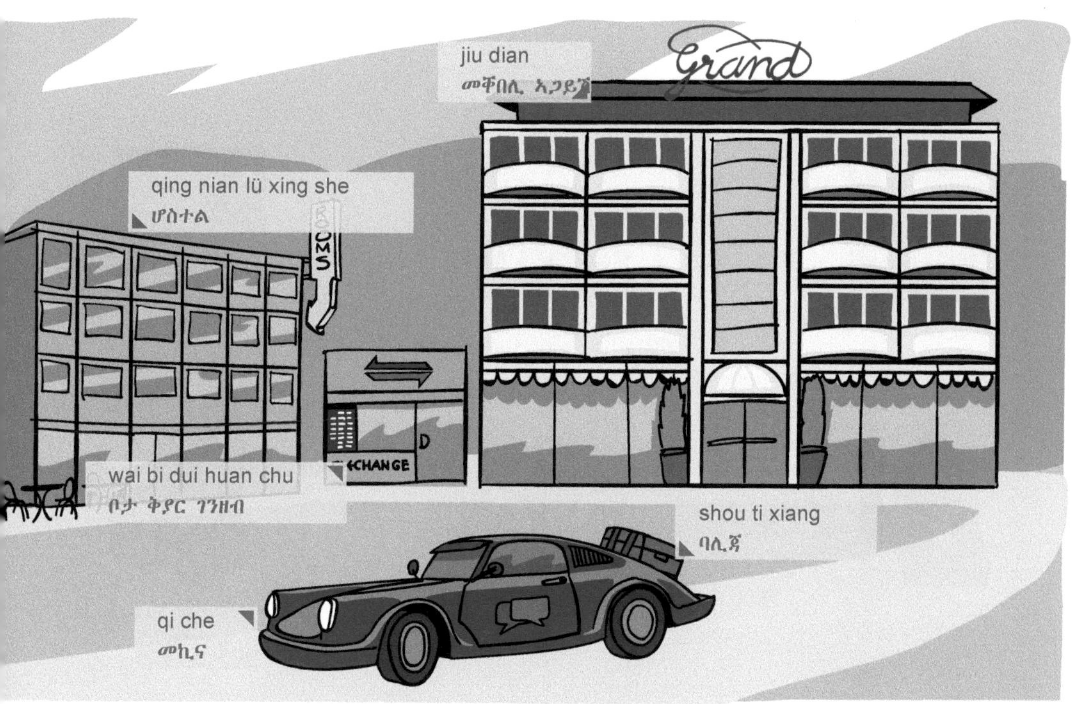

jiu dian
መቐበሊ ኣጋይሽ
Grand
qing nian lü xing she
ሆስተል
wai bi dui huan chu
ቦታ ቅያር ገንዘብ
shou ti xiang
ባሊጃ
qi che
መኪና

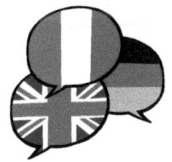

yu yan

ቋንቋ

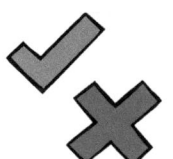

shi/fou

እወ / ኖ

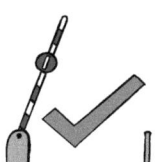

hao de

ሕራይ

nin hao

ሰላም

fan yi yuan

ኣስተርጓሚ

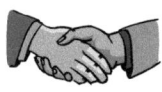

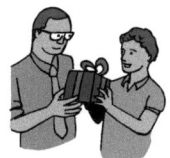

xie xie

የቐንየለይ

......duo shao qian?

. . . ክንደይ ዋግኡ?

wo bu ming bai

አይተረድኣኹን

wen ti

ሽግር

wan shang hao!

ሰላም ምሸት!

zao shang hao!

ከመይ ሓዲርካ

wan an!

ሰላም ለይቲ

zai jian

ደሓን ኩን

fang xiang

አንፈት

xing li

ጉዕዝ

bao

ሳንጣ

shuang jian bao

ሳንጣ ሕቆ

ke ren

ጋሻ

fang jian

ክፍሊ

shui dai

ክሻ መደቀሲ

zhang peng

ቴንዳ

lü you xin xi

ሓበሬታ በጻሕቲ ሃገር

hai tan

ገምገም ባሕሪ

xin yong ka

ክሬዲት ካርድ

zao can

ቁርሲ

wu can

ምሳሕ

wan can

ድራር

piao

ቲከት

dian ti

ሊፍት

you piao

ማሕተም ደብዳበ

bian jie

ዶብ

hai guan

ድንና

da shi guan

ኣምበሲ

qian zheng

ቪዛ

hu zhao

ፓስፖርት

jiao tong yun shu

መጓዓዝያ

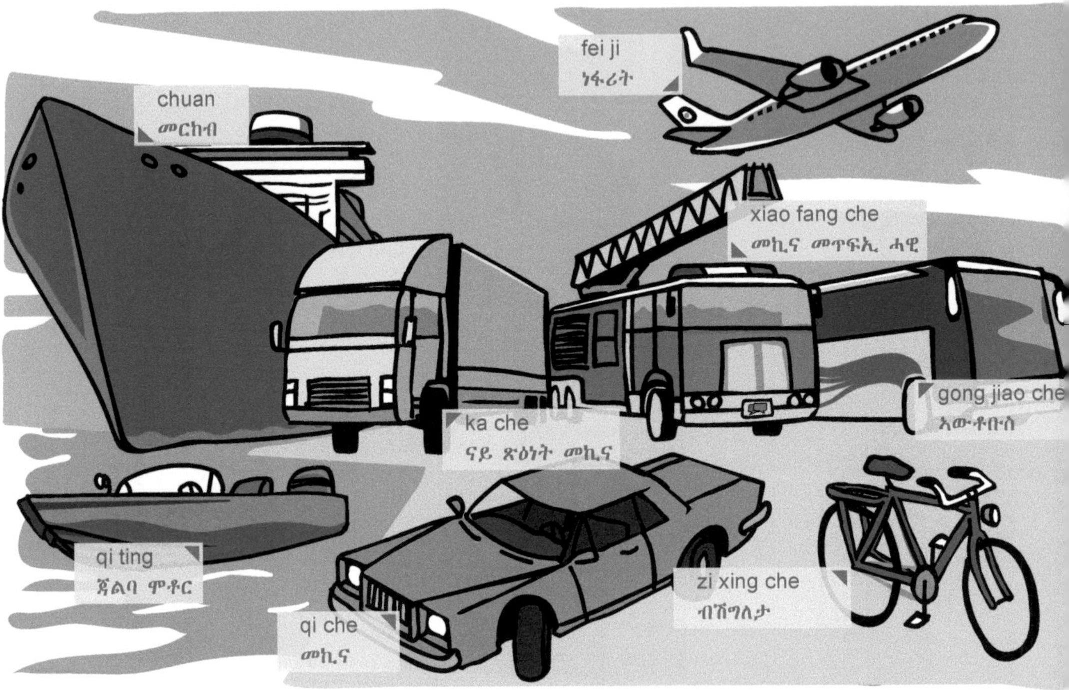

fei ji
ነፋሪት
chuan
መርከብ
xiao fang che
መኪና መጥፋኢ ሓዊ
gong jiao che
ኣውቶቡስ
ka che
ናይ ጽዕነት መኪና
qi ting
ጃልባ ሞቶር
zi xing che
ብሽግለታ
qi che
መኪና

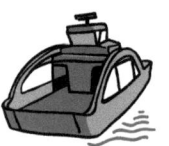

bai du chuan

ፈሪ

xiao chuan

ጃልባ

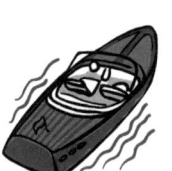

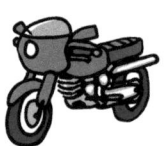

mo tuo che

ሞቶ

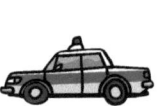

jing che

መኪና ፖሊስ

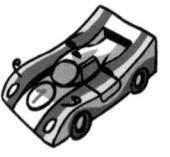

sai che

መኪና ቅድድም

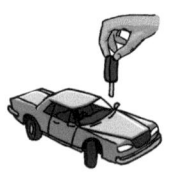

zu che

ክራይ መኪና

pin che

ምውፋይ መካይን

tuo che

መወሰዲ መኪና

la ji che

መኪና ጎሓፍ

fa dong ji

ሞቶር

qi you

ነዳዲ

jia you zhan

እንዳ ነዳዲ

jiao tong biao zhi

ምልክት ትራፊክ

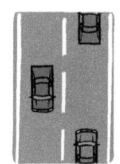

jiao tong

ትራፊክ

jiao tong du sai

ምጭቅጭቕ ትራፊክ

ting che chang

መዕሸጊ መኪና

huo che zhan

መዕረፊ ባቡር

gui dao

ሓዲግ

huo che

ባቡር

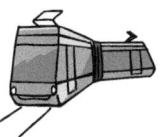

dian che

ትረም

huo che

ባጎኒ

zhi sheng ji

ሄሊኮፕተር

ji chang

መዓረፍ ነፈርቲ

ta

ታወር

cheng ke

ተጓዓዚ

ji zhuang xiang

ኮንተይነር

zhi ban xiang

ሳንዱቅ ካርቶን

shou tui che

ኮርሳ ጽዕነት

lan zi

ዘንቢል

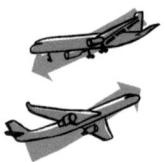

qi fei/jiang luo

ተበገሰ / ዓለበ

cheng shi

ከተማ

cun zhuang

ቀሸት

shi zhong xin

ማእከል ከተማ

fang zi

ገዛ

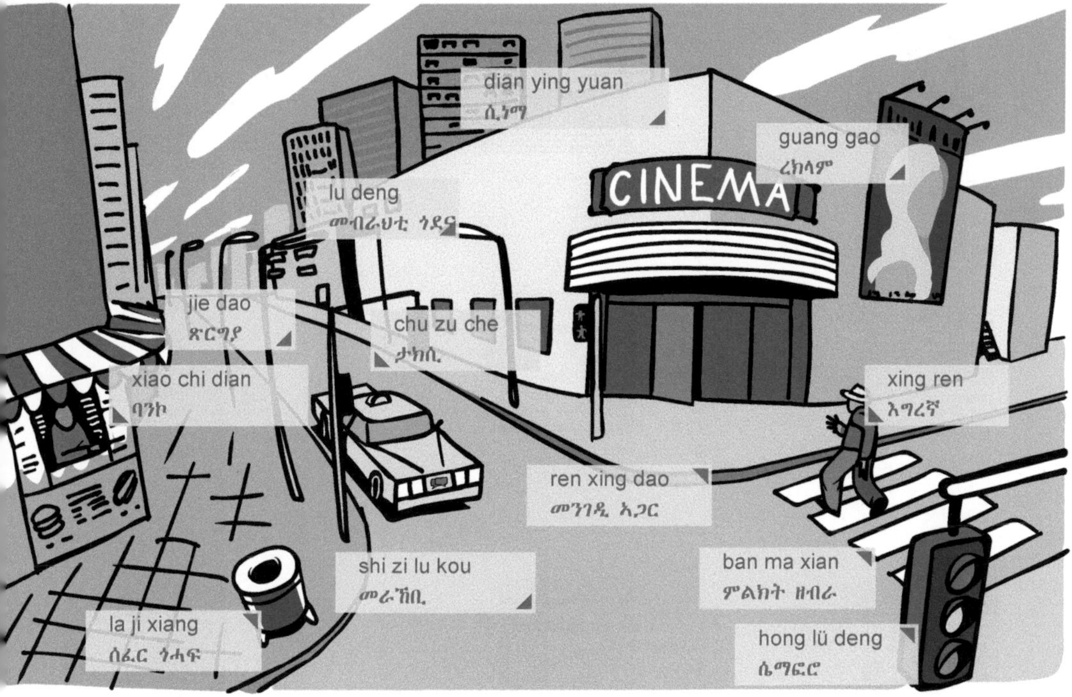

dian ying yuan
ሲነማ
guang gao
ረክላም
CINEMA
lu deng
መብራህቲ ጎደና
jie dao
ጽርግያ
chu zu che
ታክሲ
xiao chi dian
ባንኮ
xing ren
እግረኛ
ren xing dao
መንገዲ ኣጋር
shi zi lu kou
መራኸቢ
ban ma xian
ምልክት ዘብራ
la ji xiang
ሰፈር ጎሓፍ
hong lü deng
ሴማፎሮ

xiao wu

ኣጕዶ

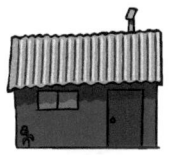

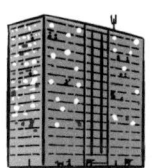

gong yu

ኣፓርትመንት

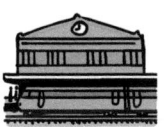

huo che zhan

መዕረፊ ባቡር

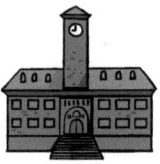

shi zheng ting

ቤት ምምሕዳር

MUSEUM

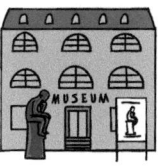

bo wu guan

ቤተ መዘክር

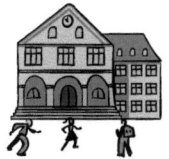

xue xiao

ቤት-ትምህርቲ

da xue

ዩኒቨርሲቲ

yin hang

ባንክ

yi yuan

ሆስፒታል

jiu dian

መቆበሊ አጋይሽ

yao fang

ቤት መድሃኒት

ban gong shi

ቤት ጽሕፈት

shu dian

ዱኳን መጽሓፍቲ

shang dian

ዱኳን

hua dian

ዱኳን ዕንባባ

chao shi

ሱፐርማርኬት

shi chang

ዕዳጋ

bai huo shang dian

ሹቕ

yu dian

ነጋዶይ ዓሳ

gou wu zhong xin

ሹቕ

hai gang

መርሳ

gong yuan

መዝናግዒ

chang deng

ባንኪ

qiao

ድልድል

lou ti

መደያይቦ

di tie

ባቡር ትሕቲ ምድሪ

sui dao

ቢንቶ

gong jiao che zhan

መዕረፊ አውቶቡስ

jiu ba

ቤት መስተ

can guan

ቤት-መግቢ

you tong

ሰታሪት

lu biao

ታቤላ

ting che ji shi qi

ሰዓት ፓርኪንግ

dong wu yuan

መካነ እንስሳታት

you yong guan

መሓምበሲ

qing zhen si

መስጊድ

nong chang

ቤት ሕርሻ

wu ran

ብከላ

mu di

መቓብር

jiao tang

ቤተክርስትያን

cao chang

ቦታ ምጽዋት

si miao

ቤት መቕደስ

di xing

ስእሊ መሬት

shu ye
ኣቝጽልቲ

zhi shi pai
መሕበሪ መገዲ

lu
መገዲ

cao di
ሽኻ

shi tou
እምኒ

shu
ኣግራብ

tu bu lü xing zhe
ኮብላሊ

he
ፈለግ

cao
ሳዕሪ

hua
ዕንባባ

xia gu

ስንጥሮ

shan

ጎበ

hu

ቀላይ

sen lin

ዱር

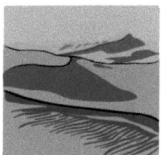

sha mo

ምድረ በዳ

huo shan

እሳተ-ጎመራ

cheng bao

ግምቢ

cai hong

ቀስተ-ደመና

mo gu

ቃንጦሻ

zong lü shu

ዓርኮብኮባይ

wen zi

ጣንጡ

cang ying

ሃመማ

ma yi

ጻጻ

mi feng

ንህቢ

zhi zhu

ሳሬት

di xing - ስእሊ መሬት   15

jia chong

ሕንዚዝ

qing wa

ዕንቅርዖብ

song shu

ም፰፰ላይ

ci wei

ቅንፍዝ

ye tu

ማንቲለ

mao tou ying

ጉንን

niao

ጭሩ

tian e

ስዋን

ye zhu

መፍለስ

lu

ዓጋዘን

mi lu

ሙስ

shui ba

ግድብ

feng li fa dian ji

ተርባይን ንፋስ

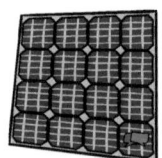

tai yang neng dian chi ban

ሶላር ስርሓት

qi hou

ኩነታት አየር

can guan

ቤት-መግቢ

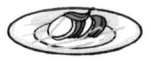

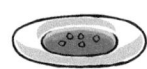

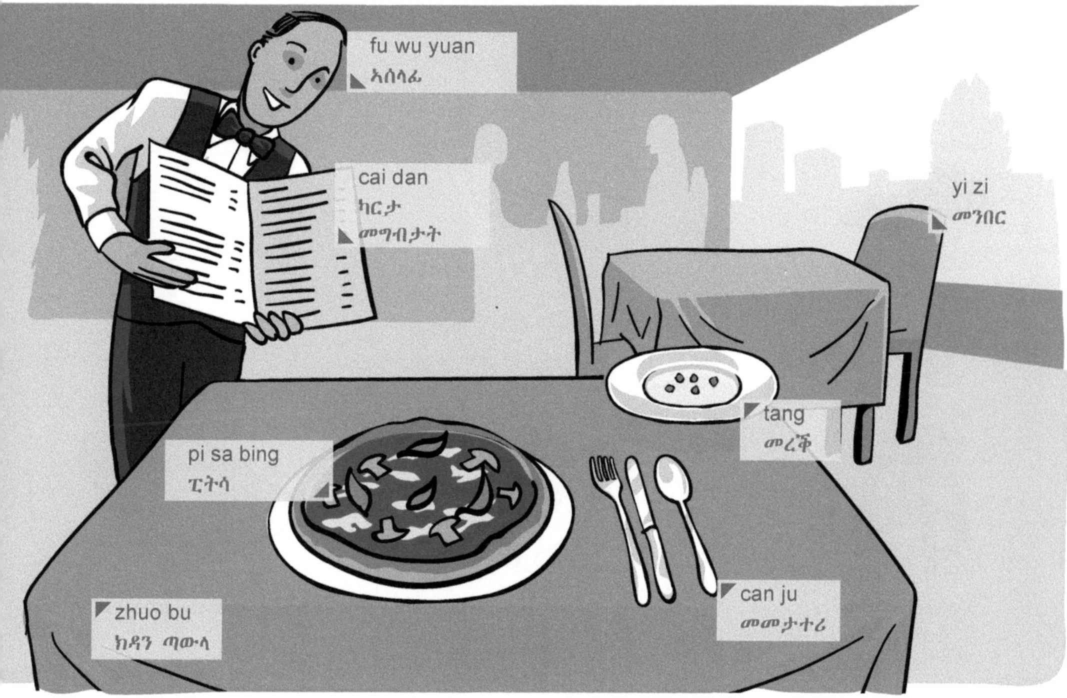
fu wu yuan
ኣሰላፊ
cai dan
ካርታ
መግብታት
yi zi
መንበር
tang
መረቕ
pi sa bing
ፒትሳ
zhuo bu
ክዳን ጣውላ
can ju
መመታተሪ

qian cai

ቅድመ ቀንዲ መግቢ

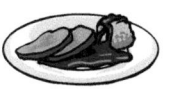

zhu cai

ቀንዲ መኣዲ

tian dian

ድሕረ መግቢ

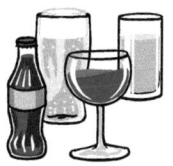

yin liao

መስተ

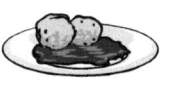

shi wu

መግቢ

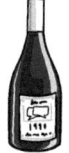

ping zi

ጥርሙዝ

kuai can

ስሉጥ መግቢ

jie bian xiao chi

መግቢ ጽርግያ

cha hu

ብርጭቆ ሻሂ

tang he

ታኒካ ሽኮር

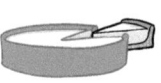

yi fen fan cai

ክፋል

yi shi ka fei ji

ማሽን ኤስፕሬሶ

gao jiao yi

ነዊሕ መንበር

zhang dan

ጸብጻብ

tuo pan

ታብለት

dao

ካራ

can cha

ፋርከታ

shao zi

ማንካ

cha chi

ማንካ ሻሂ

can jin

ሰርቪየተ

bo li bei

ብኬሪ

die zi

ሸሓኒ

tang pan

ሸሓኒ መረቕ

die zi

ትሕቲ ኩባያ

jiang

ጸብሒ

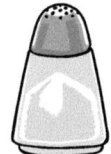

yan ping

ወዓቢ ጨው

hu jiao mo

መጥሓን በርበረ

cu

አቾቶ

shi yong you

ዘይቲ

tiao wei liao

ቀመም

fan qie jiang

ከቾፕ

jie mo

አድሪ

dan huang jiang

ማዮኔዝ

chao shi

ሱፐርማርከት

te jia
ወፈያ
FOR
gu ke
ዓሚል
ru zhi pin
ፍርያታት ጸባ
shui guo
ፍረታት
gou wu che
ሰረገላ ዱኳን

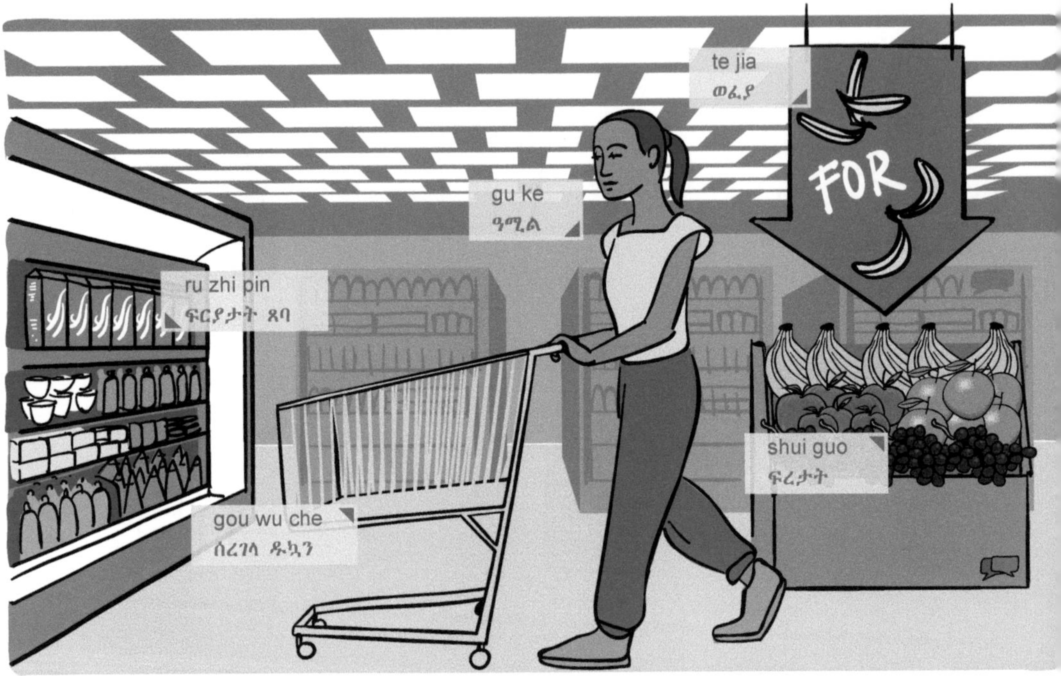

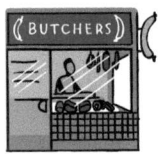

BUTCHERS

rou pu

እንዳ ስጋ

BAKERY

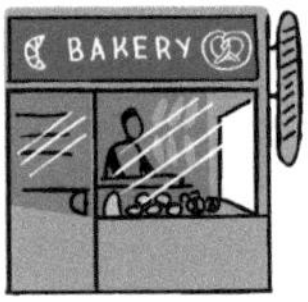

mian bao fang

እንዳ ባኒ

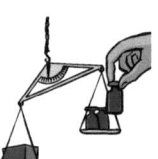

cheng zhong

ክብደት

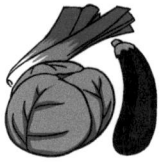

shu cai

ኣሕምልቲ

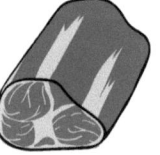

rou

ስጋ

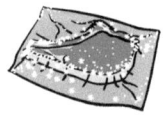

leng dong shi pin

መግቢ ፍሪጅ በረድ

leng pan

ዝሑል ቅሩብ መግቢ

guan tou shi pin

እስቃጥላ

xi yi fen

ኦሞ

tian shi

ምቁር መግቢ

ri yong pin

ዘቤታውያን አቝሑ

qing jie yong pin

ናውቲ መጸረዪ

xiao shou yuan

ሸቃጣይ

shou yin ji

ካሳ

shou yin yuan

ተሓዝ ገንዘብ

gou wu qing dan

ዝርዝር ምግዛእ

kai fang shi jian

ክፉት ሰዓታት

qian bao

ማሕፉዳ

xin yong ka

ክረዲት ካርድ

dai zi

ሳንጣ

su liao dai

ፌስታል

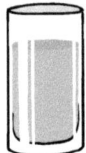

shui

ማይ

guo zhi

ጽማቒ

niu nai

ጸባ

ke le

ኮላ

hong jiu

ነቢት

pi jiu

ቢራ

jiu

አልኮል

ke ke

ካካው

cha

ሻሂ

ka fei

ቡን

yi shi nong suo ka fei

ኤስፕሬሶ

ka bu qi nuo

ካፑቺኖ

xiang jiao

ባናና

ping guo

ቱፋሕ

cheng zi

አራንሺ

xi gua

ብርጭቆ

ning meng

ለሚን

hu luo bo

ካሮት

da suan

ጸዕዳ ሽጉርቲ

zhu zi

ባምቡስ

yang cong

ሽጉርቲ

mo gu

ቅንጥሻ

jian guo

ፉል

mian tiao

ፓስታ

yi da li mian tiao

ስፓገቲ

mi fan

ሩዝ

sha la

ሰላጣ

shu tiao

ቅልዋ ድንሽ

zha tu dou

ቅሉው ድንሽ

pi sa bing

ፒትሳ

han bao bao

ሃምቡርገር

san ming zhi

ፓኒኖ

zha zhu pai

ቢስተካ

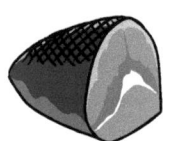

huo tui

ሰለፍ ሓሰማ

sa la mi

ሳላሚ

xiang chang

ግዕዝም

ji rou

ደርሆ

kao rou

ቀለወ

yu

ዓሳ

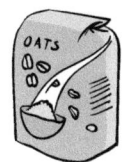

yan mai pian

ገዓት

mu zi li

ሙስሊ

yu mi pian

ኮርንፍለይክስ

mian fen

ሐርጭ

yang jiao mian bao

ክሮሶን

mian bao juan

ባኒ

mian bao

ባኒ

kao mian bao

ቶስት

bing gan

ብሽኮቲ

huang you

ጠስሚ

ning ru

ርግኦ

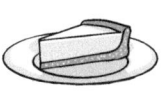

dan gao

ፓስተ

dan

እንቁቅሐ

jian dan

ቅሉው እንቁቅሐ

nai lao

ፎርማጆ

bing ji lin

አይስ ክሪም

tang

ሽኮር

feng mi

መዓር

guo jiang

ጃም

qiao ke li jiang

ኑጋት-ክሪም

ga li fan

ኩሪ

nong chang
ቤት ሕርሻ

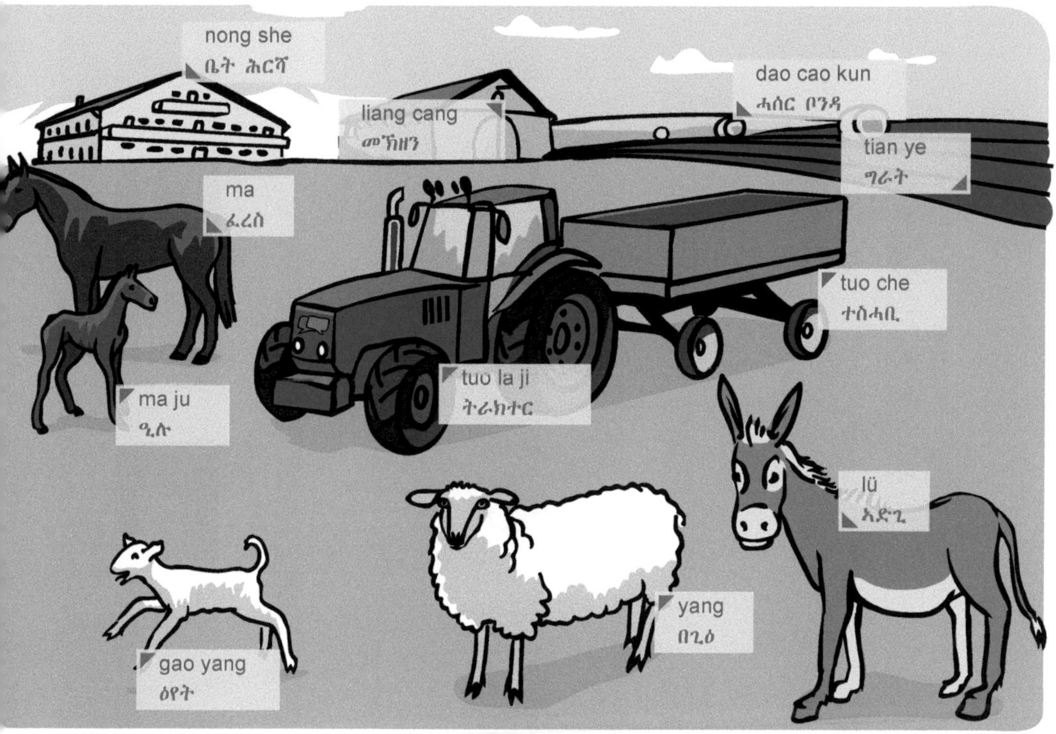

nong she
ቤት ሕርሻ
liang cang
መኽዘን
dao cao kun
ሓሰር ቦንዳ
tian ye
ግራት
ma
ፈረስ
tuo che
ተስሓቢ
tuo la ji
ትራክተር
ma ju
ዒሉ
lü
ኣድጊ
yang
በጊዕ
gao yang
ዕየት

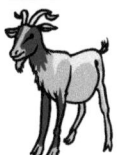

shan yang
....
ጤል

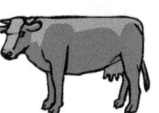

nai niu
....
ብዕራይ

niu du
....
ምራኽ

zhu
....
ሓሰማ

xiao zhu
....
ውላድ ሓሰማ

gong niu
....
ኣርሓ

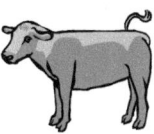

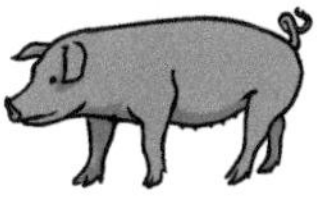

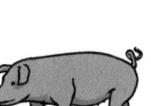

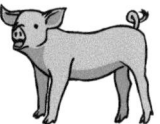

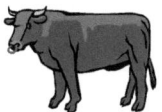

e
....
ዓሳ

ya
....
ማይ ደርሆ

xiao ji
....
ጫቊሊት

mu ji
....
ደርሆ

gong ji
....
አርሓ ደርሆ

shu
....
አንጨዋ ዓባይ

mao
....
ድሙ

lao shu
....
አንጭዋ

niu
....
ብዕራይ

gou
....
ከልቢ

gou wu
....
አጎዶ ከልቢ

hua yuan jiao shui ruan
guan
....
ቱቦ ጀርዲን

sa shui hu
....
መዝፈፊ ማይ

chang bing da lian dao
....
ዓቢ ማዕጺድ

li
....
ጫሕረሻ

lian dao

ማዕጺድ

chu tou

ጭኳሮ

chang bing cao pa

መስአ

fu tou

ፋስ

du lun shou tui che

ዓረብያ ኢድ

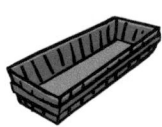

si liao cao

ጋብላ

niu nai guan

ብርጭቆ ጸባ

ma bu dai

ከሻ

zha lan

ሓጹር

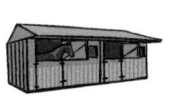

ma jiu

መንሰስ

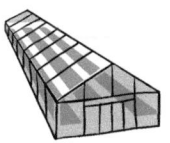

wen shi

ቆጠልያ ገዛ

tu rang

ባይታ

zhong zi

ዘርኢ

fei liao

ድኹዒ

lian he shou ge ji

ዘጣምር ቀውዓይ

shou ge

ቀውዐ

shou ge

ጸማ

shan yao

ድንሽ ያም

xiao mai

ስርናይ

da dou

ሶያ

tu dou

ድንሽ

yu mi

ዕፉን

you cai zi

ራፕስ

guo shu

ገረብ ፍረታት

shu shu

ማኒኦክ

gu wu

አእኻል

yan cong
መውጽእ ትኪ

wu ding
ናሕሲ

luo shui guan
መውሓዝ ዝናብ

chuang hu
መስኮት

che ku
ጋራጅ

men ling
ጮር መበሊ ት

men
ማዕፆ

la ji tong
ጎሓፍ መገለል

xin xiang
ቦክስ ደብዳበ

hua yuan
ጀርዲን

ke ting
ክፍሊ ምቕማጥ

yu shi
ክፍሊ ባንዮ

chu fang
ክሽነ

wo shi
ክፍሊ መደቀሲ

er tong fang
ክፍሊ ቆልዑ

can ting
መመገቢ ክፍሊ

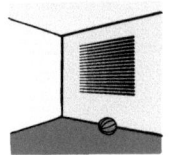

di ban

ባይታ

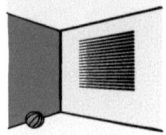

qiang bi

መንደቅ

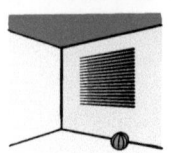

diao ding

ከቦርታ

di jiao

ካንቲና

sang na

ሳውና

yang tai

ባልኮን

lu tai

ዛላ

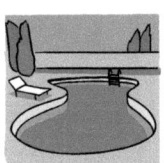

you yong chi

መሕምበሲ

ge cao ji

መቑረጺ ሳዕሪ

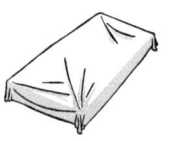

bei dan

ኣንሶላ ዓራት

chuang zhao

ከቦርታ ዓራት

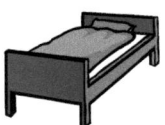

chuang

ዓራት

sao zhou

መኾስተር

shui tong

መገለል

kai guan

መወልዒት

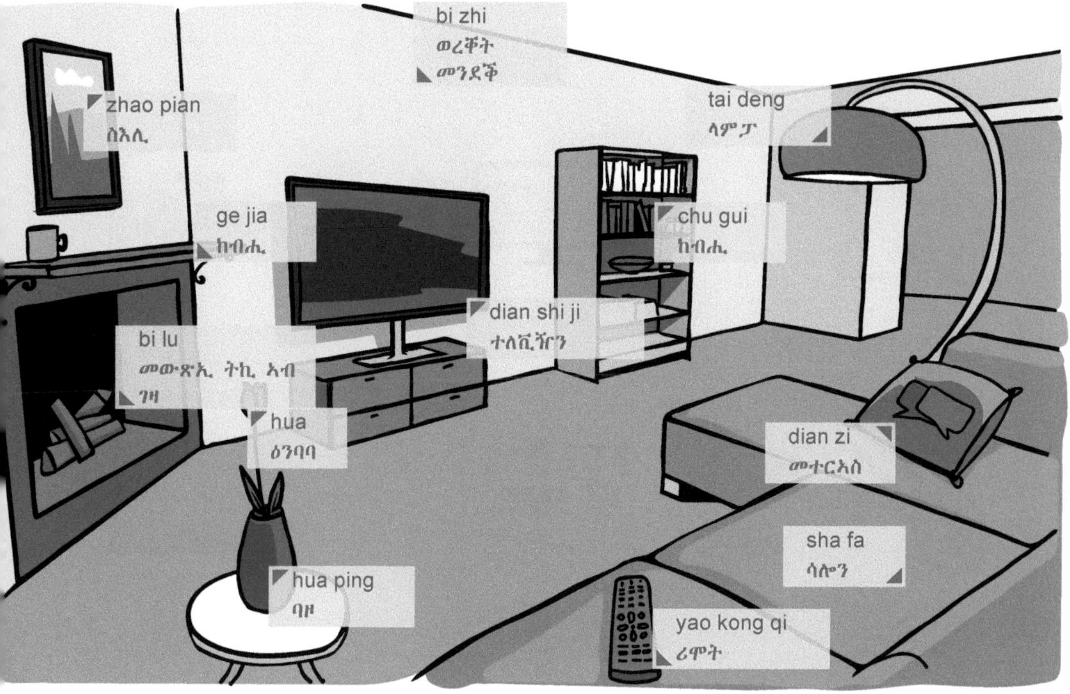

bi zhi
ወረቓት
መንደቕ

zhao pian
ስእሊ

tai deng
ላምፓ

ge jia
ከብሒ

chu gui
ከብሒ

dian shi ji
ተለቪዥን

bi lu
መውጽኢ ትኪ አብ
ገዛ

hua
ዕንባባ

dian zi
መተርአስ

hua ping
ባዖ

sha fa
ሳሎን

yao kong qi
ሪሞት

di tan

መንጸፍ

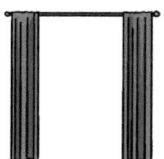

chuang lian

መጋረጃ

can zhuo

ጣውላ

yi zi

መንበር

yao yi

ሰላል ዝብል መንበር

fu shou yi

መንበር ምቹእ

shu

መጽሐፍ

tan zi

ከቦርታ

zhuang shi pin

ስልማት

mu chai

እንጨይቲ ሓዊ

dian ying

ፊልም

gao bao zhen yin xiang

ስተረዮ

yao shi

መፍትሕ

bao zhi

ጋዜጣ

you hua

ቅብኣ

hai bao

ፖስተር

shou yin ji

ሬድዮ

bi ji ben

ጥራዝ

xi chen qi

መልገሲ ደርና

xian ren zhang

በለስ

la zhu

ሽምዓ

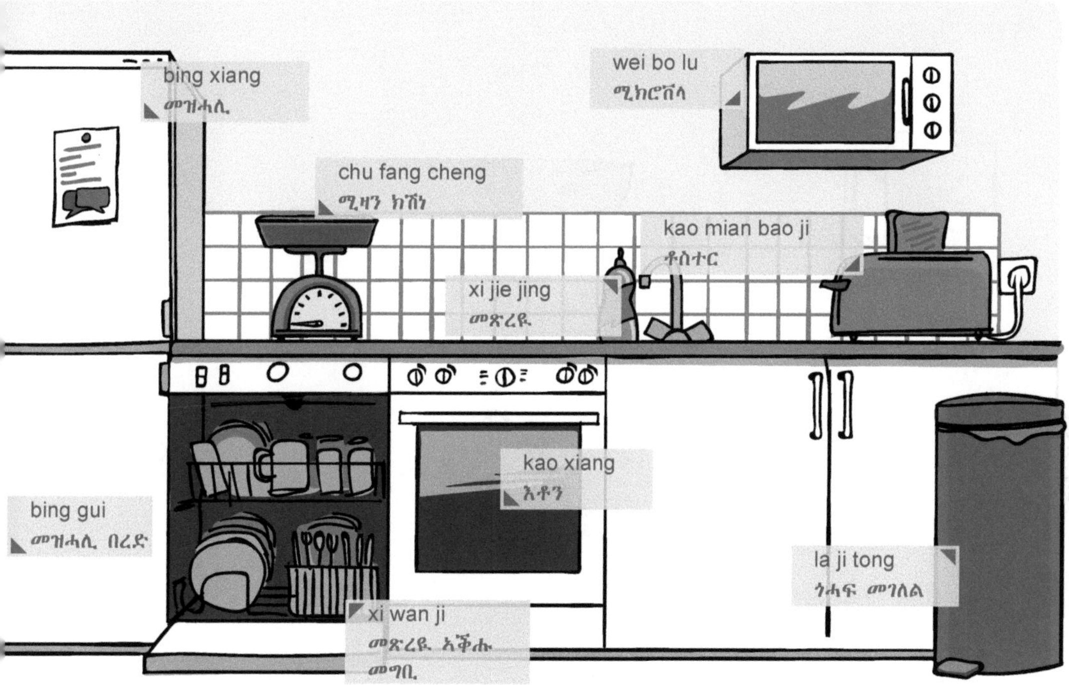

bing xiang
መዝሓሊ

wei bo lu
ሚክሮቨላ

chu fang cheng
ሚዛን ክሽነ

kao mian bao ji
ቶስተር

xi jie jing
መጽረዪ

bing gui
መዝሓሊ በረድ

kao xiang
እቶን

la ji tong
ጎሓፍ መገለል

xi wan ji
መጽረዪ አቕሓ
መግቢ

chui ju

መኽሽኔ

guo

ድስቲ

zhu tie guo

ድስቲ ሓጺን

sha guo

ቆኽ/ካዶይ

ping di guo

ባደላ

shui hu

መውዓዪ ማይ

zheng guo

መፍልሒ

kao pan

ጎንቴራ ምስንካት

tao ci guo

ኣቕሑ መግቢ

ma ke bei

ብርጭቆ

wan

ጭሓሎ

kuai zi

ማንካቺና

chang bing shao

ማንካ መረቕ

chan zi

መገልበጢ ባደላ

jiao ban qi

መኸስተር ውርጪ

lü wang

መንፈት መግቢ

shai zi

መንፈት

mo sui ji

መፋሕፍሒ

yan bo

ሞርታር

shao kao

ባርቢኪዩ

ming huo

ስፍራ ሓዊ

cai ban

እንጨይቲ ምምታር

gan mian zhang

እንጨይቲ ኩረር

kai ping qi

መኽፈት ቡሽ

guan zi

ታኒካ

kai ping qi

መኽፈቲ ታኒካ

ge re shou tao

ጨርቂ ድስቲ

shui cao

ቡምባ

shua zi

አስባስላ

hai mian

ሰፍነግ

jiao ban ji

ሓዋሲ አደባላቛ

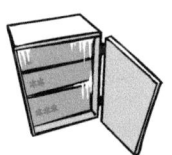

leng cang xiang

መዝሓሊ በረድ

nai ping

ጥርሙዝ ማማይ

shui long tou

ቡምባ ማይ

yu shi

ክፍሊ ባንዮ

gong nuan she bei
መውዓዪ
lin yu
መሕጸቢ ሻወር
mao jin
ሽጎማኖ
yu lian
ሻወር መጋረጃ
pao mo yu
መሕጸቢ ዓፍራ
yu gang
ባንዮ መሕጸቢ
bo li bei
ብኬሪ
xi yi ji
ሓጻቢት
shui long tou
ቡምባ ማይ
ci zhuan
ማቶነላ
bian hu
ድስቲ
shui cao
ቡምባ

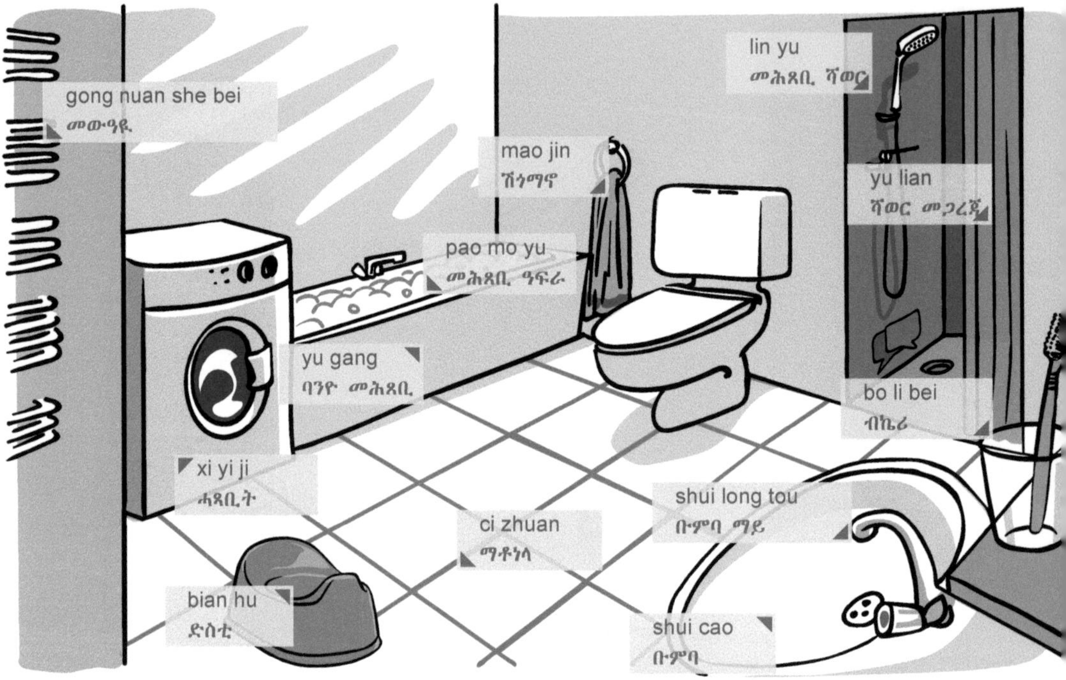

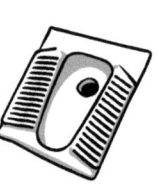

ce suo

ሽቓቕ

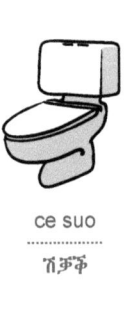

dun bian qi

ሽቓቕ ኮፍ

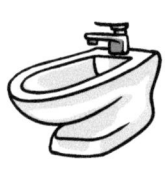

zuo yu qi

በዴ

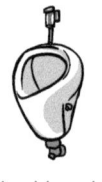

xiao bian chi

ሽቓቕ ተባዕታይ

ce zhi

ወረቐት ሽቓቕ

ma tong shua

ኣስባስላ ሽቓቕ

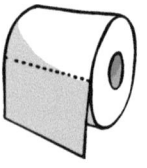

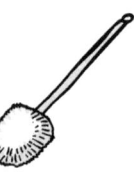

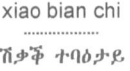

ya shua

አስባስላ ስኒ

ya gao

ክሬማ ስኒ

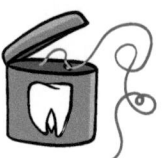

ya xian

ሃሪ ስኒ

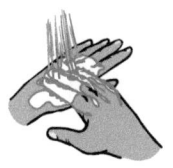

xi

ሓጸብ

shou chi shi pen lin tou

ዱሽ ኢድ

chong xi qi

ዱሽ

xi lian pen

ብርጭቆ ምሕጸብ

ca bei shua

አስባስላ ሕጆ

fei zao

ሳምና

mu yu lu

ሻወር ጄል

xi fa shui

ሻምፑ

fa lan rong

ጨርቂ መሕጸቢ

pai shui

መውሓዚ

ru shuang

ክሬማ

chu chou ji

ደዮ ጨና

jing zi

መስትያት

shou jing

ናይ ኢድ መስትያት

ti xu dao

መላጻ

ti xu pao mo

ዓፍራ ምልጻይ

xu hou shui

ጨና ድሕሪ ምልጻይ

shu zi

መመሽጥ

shua zi

ኣስባስላ

chui feng ji

መንቐጺ ጸግሪ

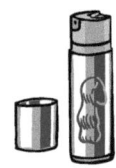

pen fa ding xing ji

ስፕረይ ጸግሪ

hua zhuang pin

መመላኽዒ

chun gao

ብርዒ ቀለም ከንፈር

zhi jia you

ኣዝማልቶ

hua zhuang mian

ጸምሪ ጡጥ

zhi jia jian

መስደዲ ጽፍሪ

xiang shui

ጨና

xi shu bao

ሳንጣ መሕጸቢ

deng zi

ድኳ

ji zhong cheng

ሚዛን

yu pao

ክዳን መሕጸቢ

xiang jiao shou tao

ጎንቲ መጸረዪ

wei sheng mian tiao

ታምፓን

wei sheng jin

ጨርቂ ሰበይቲ

hua xue ce suo

ሽቓቅ ከሚስትሪ

er tong fang

ክፍሊ ቆልዑ

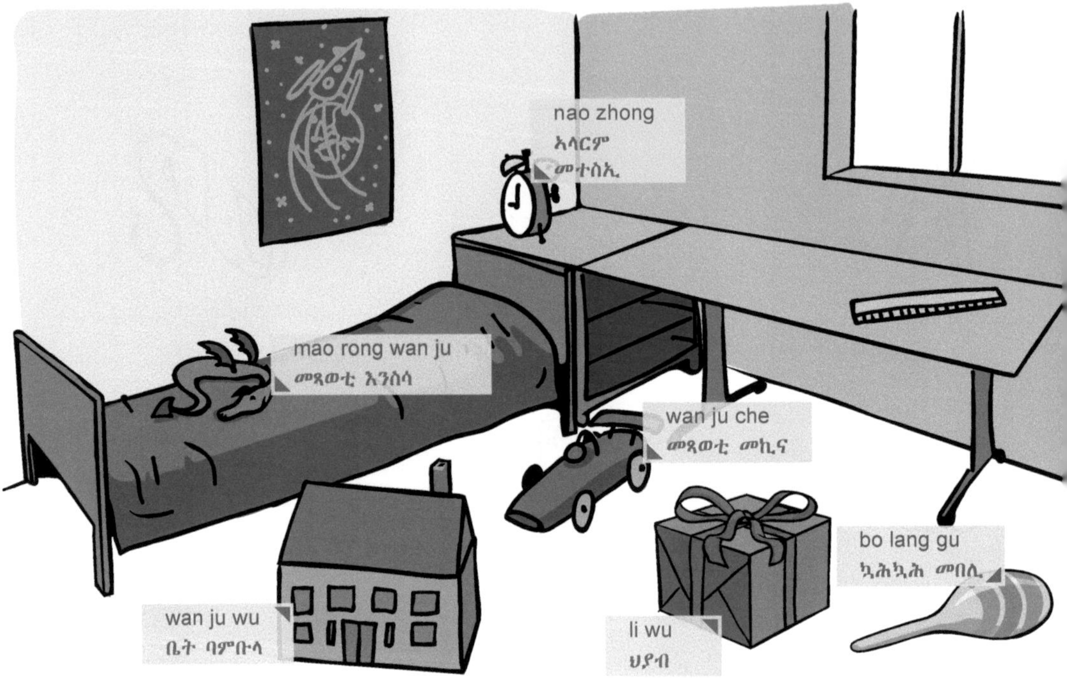

nao zhong
ኣሳርም መተስኢ
mao rong wan ju
መጻወቲ እንስሳ
wan ju che
መጻወቲ መኪና
bo lang gu
ኳሕኳሕ መበሊ
wan ju wu
ቤት ባምቡላ
li wu
ህያብ

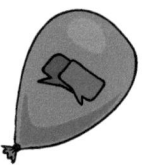

qi qiu

ባላንችና

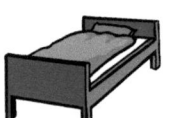

chuang

ዓራት

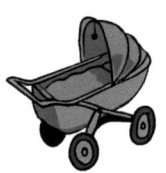

(yang wa wa yong)ying er che

ሰረገላ ህጻን

pu ke pai

ጻወታ ካርታ

pin tu

ሕንቅሊተይ

SUPER MEGA

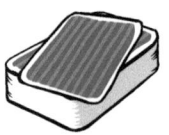

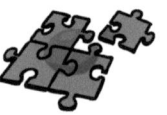

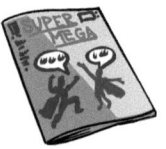

man hua

ኮሜዲ

le gao ji mu

እምንታት መጻወቲ ለጎ

ji mu wan ju

መጻወቲ እምንታት

wan ju ren

በጓል አክቶን

ying er fu

ክዳን ማማይ

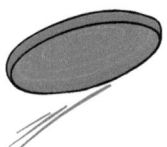

fei pan

ፍሪስቢ

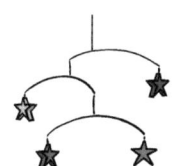

chuang ling wan ju

ሞባይል ማማይ

qi pan you xi

ጸወታ ሰሌዳ

shai zi

ኩቦ

huo che mo xing

ሞደል ባቡር ምድሪ

an fu nai zui

ዓባስ

ju hui

ፓርቲ

hui ben

መጽሓፍ ስእሊ

qiu

ኩዕሶ

yang wa wa

ባምቡላ

wan

ተጻወተ

sha keng

መጻወቲ ሑጻ

qiu qian

ሰላል

wan ju

መጻወቲታት

you xi ji

ኮንሶል ቪድዮ

san lun che

መጻወቲ ሰለስተ መንኮርኮር

tai di xiong

ተዲ

yi chu

ከብሒ ክዳን

yi fu

ክዳን

wa zi

ካልስታት

chang wa

ነዊሕ ካልስታት

jin shen ku

ስረ ካልሲ

wei jin
ሻርባ

pi dai
ቁልፊ

yu san
ጽላል

T xu
ማልያ

yun dong xie
ስኒከርስ

xue zi
ረፉዕ

tuo xie
ጫማ ገዛ

liang xie
ሽበጥ

xie
ጫማ

yu xue
ረፉዕ ጎማ

nei ku
ሙታንታ

xiong zhao
ክዳን ጡብ

bei xin
ትሕተ ካሚቻ

shen ti

ቦዲ

ku zi

ስረ

niu zai ku

ጂንስ

duan qun

ቀምሽ

nü shi chen shan

ካምቻ

chen shan

ካሚቻ

tao tou shan

ጉልፎ

wei yi

ጎልፎ

xi zhuang jia ke

ጃኬት

jia ke

ጃከት

wai tao

ጁባ

yu yi

ክዳን ዝናብ

tao zhuang

ኮስቱም

lian yi qun

ቀምሽ

hun sha

ቀምሽ መርዓ

xi zhuang

ልብሲ

shui pao

ካሚቻ ለይቲ

shui yi

ክዳን ለይቲ

sha li

ሳሪ

tou jin

መሃረብ ርእሲ

bao tou jin

ቱርባን

bo ka

ቡርካ

ka fu tan

ካፍታን

(a la bo shi)chang pao

አባያ

yong yi

ክዳን መሕምበሲ

nan shi yong ku

ስሪ መሕምበሲ

duan ku

ሓጺር ስሪ

yun dong fu

ክዳን ታዕሊም

wei qun

በጃ ክዳን

shou tao

ጓንቲ

niu kou

መልኰም

yan jing

መነጽር

shou lian

በንናጅር

xiang lian

ማዕተብ

jie zhi

ቀለበት

er huan

ኩትሻ

bian mao

ቆብዕ

yi jia

መንበሪ ጁባ

mao zi

ባርኔጣ

ling dai

ካርራቫት

la lian

ሻርነጣ

tou kui

ሀልመት

bei dai

መድልዴል ስሪ

xiao fu

ድቢዛ ቤትትምህርቲ

zhi fu

ድቢዛ

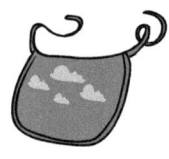

wei dou

ሰደርያ ቆልዓ

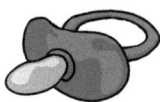

an fu nai zui

ዓባስ

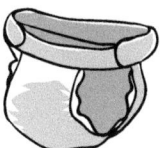

niao bu shi

ጨርቂ ማማይ

ban gong shi

ቤት ጽሕፈት

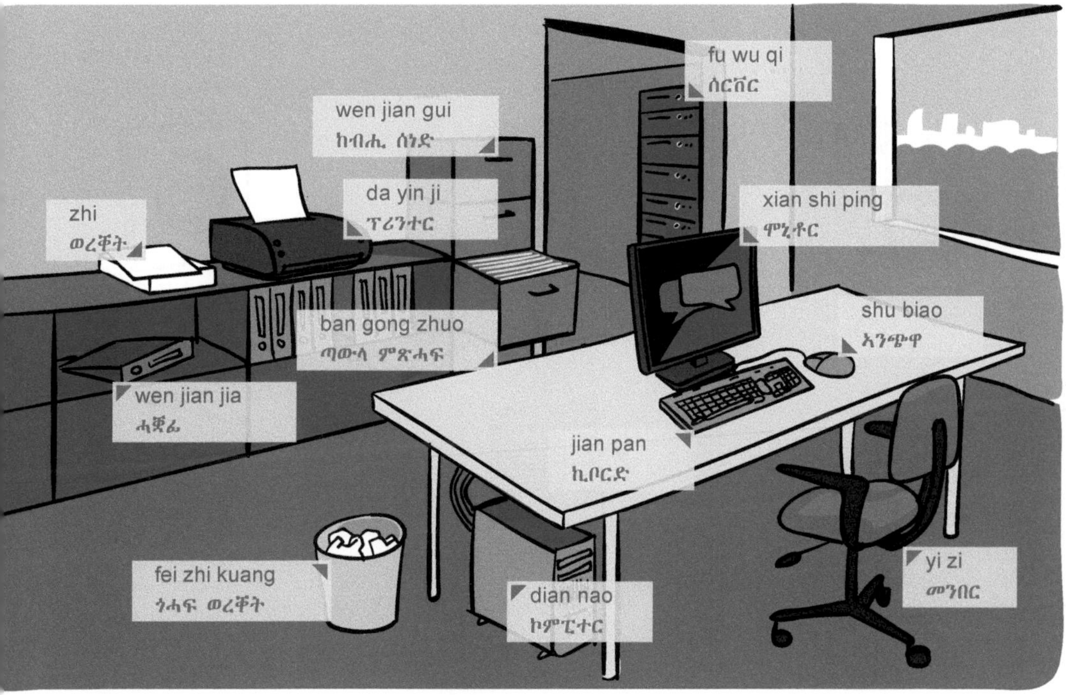
fu wu qi
ሰርቨር
wen jian gui
ከብሒ ሰነድ
da yin ji
ፕሪንተር
zhi
ወረቐት
xian shi ping
ሞኒቶር
shu biao
ኣንጭዋ
ban gong zhuo
ጣውላ ምጽሓፍ
wen jian jia
ሓጃፊ
jian pan
ኪቦርድ
fei zhi kuang
ጎሓፍ ወረቐት
dian nao
ኮምፒተር
yi zi
መንበር

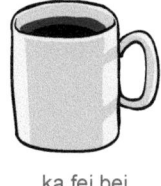

ka fei bei

ብርጭቆ ቡን

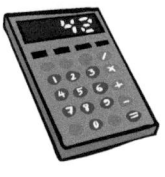

ji suan qi

ካልኩለተር

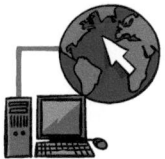

yin te wang

ኢንተርነት

bi ji ben dian nao

ለፕቶፕ

xin jian

ደብዳበ

xiao xi

መልእኽቲ

shou ji

ሞባይል

wang luo

ነትወርክ/መርበብ

fu yin ji

መቅድሒ ፎቶኮፒ

ruan jian

ሶፍትዌር

dian hua

ተለፎን

cha zuo

ሶከት ኣረንቲ

chuan zhen ji

ፋክስ

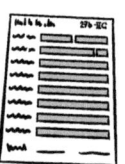

biao ge

ፎርም

wen jian

ሰነድ

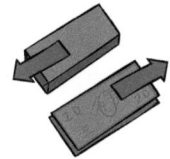

mai

ገዛእ

fu qian

ከፈለ

jiao yi

ንግዲ

xian jin

ገንዘብ

mei yuan

ዶላር

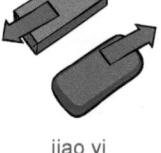

ou yuan

አይሮ

ri yuan

የን

lu bu

ሩቢል

rui shi fa lang

ስዊዝ ፍራንከን

ren min bi

ረንሚንቢ ዩዋን

lu bi

ሩፒየ

ti kuan chu

መውጽኢ ማሽን ገንዘብ

wai bi dui huan chu

ቦታ ቅያር ገንዘብ

jin

ወርቂ

yin

ብሩር

shi you

ዘይቲ

neng yuan

ሓይሊ

jia ge

ዋጋ

he tong

ውዕል

shui jin

ቀረጽ

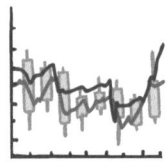

gu piao

እኩብ ጥረ-ነገራት

gong zuo

ሰርሓ

zhi yuan

ሰራሕተኛ

lao ban

አስራሒ

gong chang

ትካል

shang dian

ዱኳን

zhi ye
ሞያታት

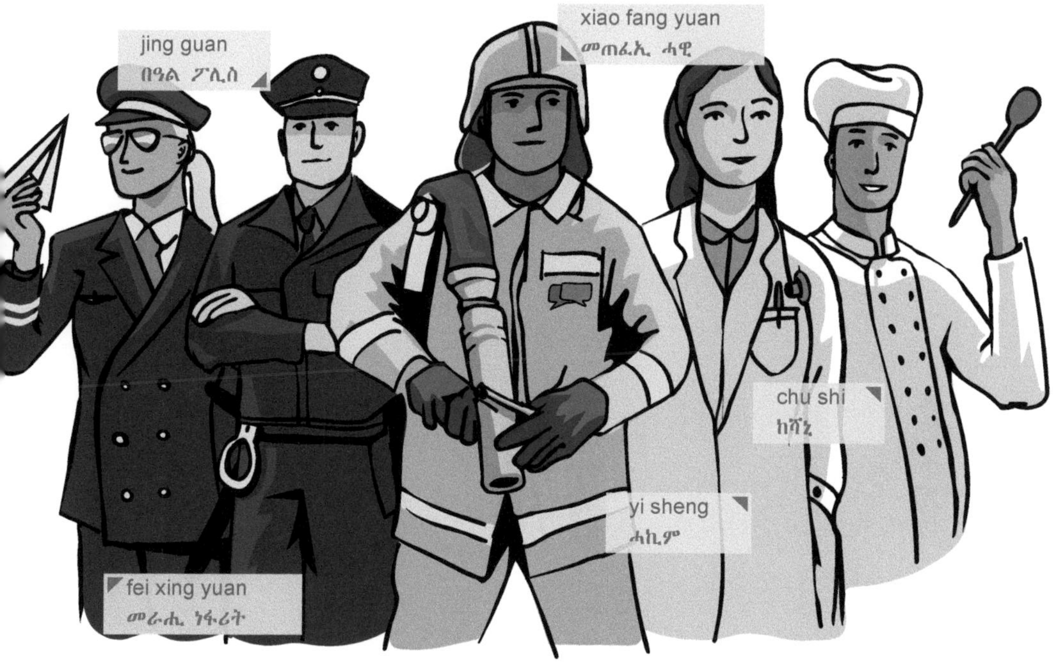
jing guan
በዓል ፖሊስ
xiao fang yuan
መጠፈኢ ሓዊ
chu shi
ከሻኒ
yi sheng
ሓኪም
fei xing yuan
መራሒ ነፋሪት

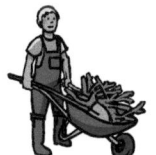

yuan ding

ሰራሕተኛ ጀርዲን

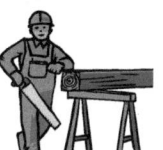

mu jiang

ጸራቢ ዕንጸይቲ

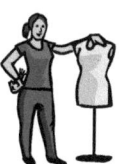

cai feng

ሰፋይት

fa guan

ፈራዳይ

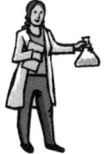

hua xue jia

ቀማሚ

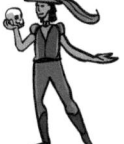

yan yuan

ተዋሳኢ

gong jiao che si ji

መራሒ ኣዉቶቡስ

chu zu che si ji

ኣዉቲስታ ታክሲ.

yu fu

ገፋፊ ዓሳ

qing jie nü gong

ጸራጊት

wu ding gong

ሃናጻይ ናሕሲ.

fu wu yuan

ኣሰላፊ

lie ren

ሃዳናይ

hua jia

ሰኣላይ

mian bao shi

እንዳ ሕብስቲ

dian gong

ኤለትሪከኛ

jian zhu gong ren

ሃናጺ ኣባይቲ

gong cheng shi

ሃንዳሲ.

tu fu

ሰራሕተኛ እንዳ ስጋ

shui guan gong

ድራብሊኮ

you di yuan

ኣማላላሲ ፖስጣ

shi bing

ወተሃደር

jian zhu shi

መሃንድስ

shou yin yuan

ተሓዝ ገንዘብ

hua nong

ሰራሕተኛ ዕምባባ

li fa shi

ቀም ቃማይ

shou piao yuan

ፈተሪና

ji xie shi

መካኒክ

chuan zhang

መራሒ መርከብ

ya yi

ሓኪም ስኒ

ke xue jia

ተመራማሪ

la bi

ራቢ.

yi ma mu

ኢማም

he shang

ፈላሲ.

mu shi

ቀሺ.

gong ju

ናውቲ

qian zi
ጉጤት
tie chui
ሞደሻ
luo si dao
ዘዋር መስኒ
shou dian tong
ላምፓዲና
ban shou
መፋትሕ

wa jue ji

ፈሓሪ

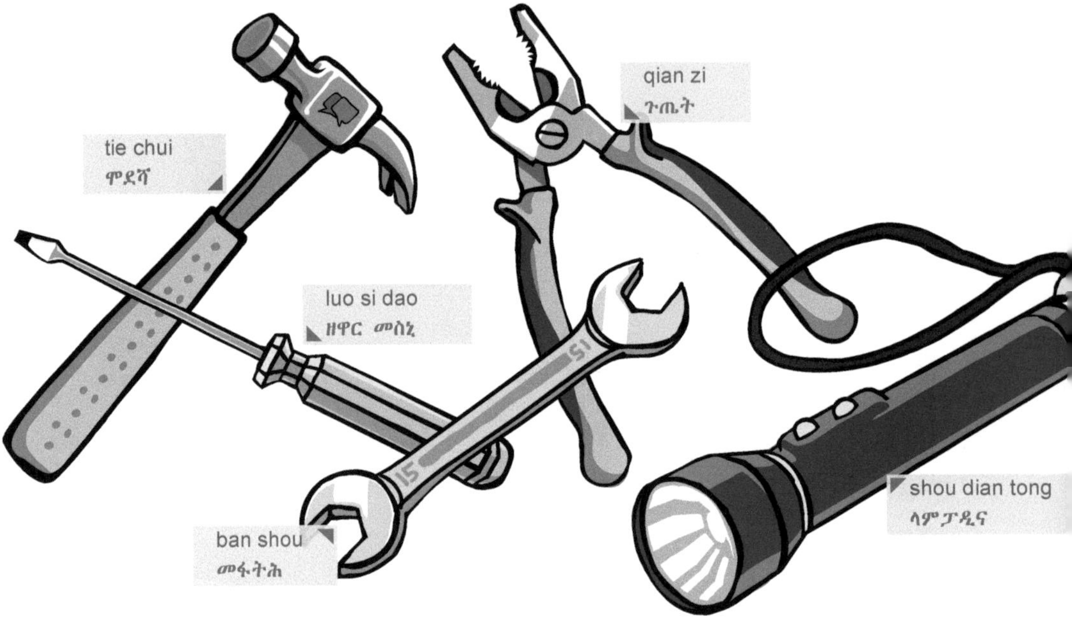

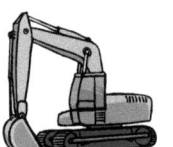

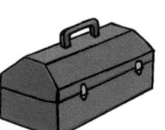

gong ju xiang

ናውቲ ቦክስ

ti zi

መደያይቦ

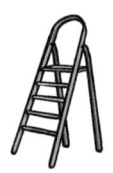

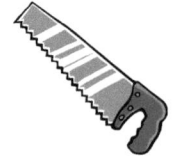

ju zi

መጋዝ

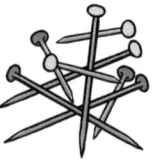

ding zi

መስማር

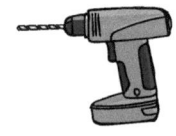

zuan ji

ኩዓቲ

xiu

ምዕራይ

chan zi

ባደላ

kao!

አይ!

bo ji

መትሓዚ ዶሮና

you qi tong

ድስቲ ቀለም

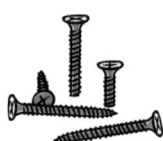

luo si

ካቾቢተ

yue qi

መሳርሒ ሙዚቃ

yang sheng qi
እስፒከር

da ji yue qi
ከበሮታት

di yin ti qin
ረጕድ ዓባይ ጊታር

xiao hao
ትሮምፐት

ji ta
ጊታር

gang qin

ፒያኖ

xiao ti qin

ቪዮሊን

bei si

ባስ ጊታር

ding yin gu

ቲምንኢ

gu

ከበሮ

dian zi qin

አርጋን

sa ke si guan

ሳክሶፎን

chang di

ሻምብቆ

mai ke feng

ሚክሮፎን

dong wu	**da xiang**	**dai shu**
እንስሳታት	ሐርማዝ	ካንጋሩ
xi niu	**da xing xing**	**xiong**
ሐሪሽ	ጉሬላ	ድቢ

luo tuo

ገመል

tuo niao

ሰጎን

shi zi

አንበሳ

hou zi

ህበይ

huo lie niao

ፍላሚንጎ

ying wu

ሕንጻይ

bei ji xiong

ድቢ በረድ

qi e

ፐንጉን

sha yu

ከልቢ ዓሳ

kong que

ጣውስ

she

ተመን

e yu

ሓርገጽ

dong wu yuan guan li yuan

ሓላዊ ቤት ገርድሽ

hai bao

ዓሳ ዚምገብ እንስሳ ባሕሪ

mei zhou bao

ጃጓር

ai zhong ma

ሓጺር ፈረስ

bao

ነብሪ

he ma

ጉማረ

chang jing lu

ጂራፍ

lao ying

ሲላ

ye zhu

መፍለስ

yu

ዓሳ

gui

ጎብየ

hai xiang

ዋልሩስ

hu li

ወኻርያ

ling yang

ሰስሓ

gan lan qiu
ናይ አሜሪካ ኩዕሶ እግሪ

qi zi xing che
ምዝዋር ብሽግለታ

wang qiu
ተኒስ

lan qiu
ባስከትባል

you yong
ምሕምባስ

quan ji
ቦክሲንግ

bing qiu
ሆኪ በረድ

ying shi zu qiu

ኩዕሶ እግሪ

yu mao qiu

ባድሚንተን

tian jing

እስፖርታዊ ንጥፈታት

shou qiu

ኩዕሶ ኢድ

hua xue

ስኪ

ma qiu

ፖሎ

xiao
ሰሓቐ

tiao
ነጠረ

yong bao
ሓቖፈ

zou lu
ከደ

chang
ደረፈ

zuo meng
ሓለመ

qi dao
ጸለየ

qin wen
ሰዓመ

shu xie
ጸሓፈ

hua
ሰኣለ

zhan shi
ኣርኣየ

tui
ደፍአ

gei
ሃበ

na
መሰደ

you

አለወ

zuo

ገበረ

dang

ኮነ

zhan

ጠጠዉ በለ

pao

ጎየየ

la

ሰሓበ

reng

ሰንደወ

shuai dao

ወደቐ

tang

ሓሰወ

deng dai

ተጸበየ

xie dai

ሰከም

zuo

ኮፍ በለ

chuan yi

ተኸድነ

shui jiao

ደቀሰ

xing lai

ተስአ

kan

ረኣየ

ku

በኸየ

fu mo

ብኣጻብዑ ደረዘ

shu tou

መሸጠ

jiao tan

ተዛረበ

ming bai

ተረድአ

wen

ሓተተ

ting

ሰምዐ

he

ሰተየ

chi

በልዐ

qing li

ኣጽመጠ

ai

ኣፍቀረ

zuo fan

ከሸነ

kai che

ዘወረ

fei

ነፈረ

hang xing

ብመርከብ ገየሽ

ji suan

ደመረ

du

አንበበ

xue xi

ተመሃረ

gong zuo

ሰርሐ

jie hun

መርዓወ

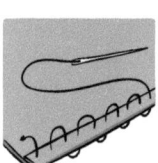

feng

ሰፈየ

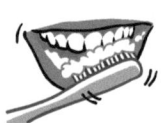

shua ya

ጽሬት አስናን

sha

ቀተለ

chou yan

ሽጋራ ተከኸ

ji

ሰደደ

zu mu
ዓባየ

zu fu
አቦሓጎ

fu qin
አቦ

mu qin
አደ

ying tong
ማማይ

nü er
ጓል

er zi
ወዲ

ke ren

ጋሻ

a yi

ሓትኖ

shu shu

አኮ

xiong di

ሓው

jie mei

ሓፍቲ

shen ti

ኣካላት

qian e
ግንባር
yan jing
ዓይኒ
jian bang
መንኩብ
shou zhi
ኣጻብዕ
lian
ገጽ
xia ba
መንከስ
shou
ኢድ
tui
ሽፋን እግሪ
ru fang
ኣፍ-ልቢ
shou bi
ምናት

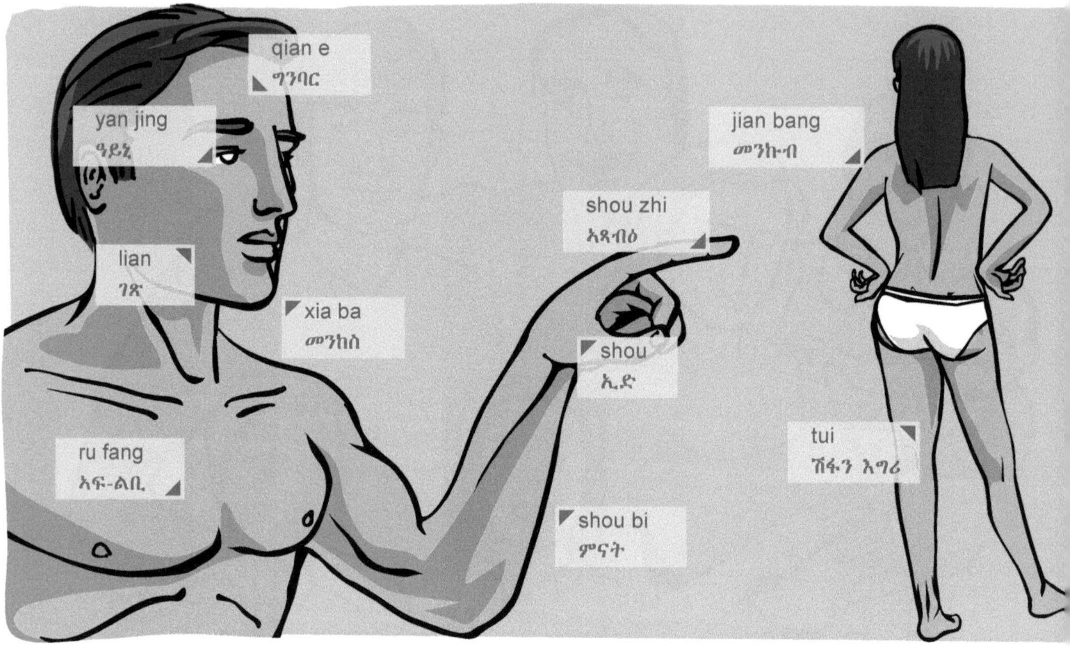

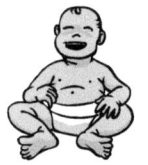

ying tong

ማማይ

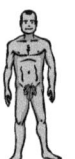

nan ren

ሰብኣይ

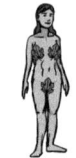

nü ren

ሰበይቲ

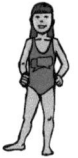

nü hai

ጓል

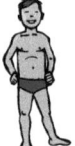

nan hai

ወዲ

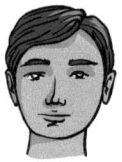

tou

ርእሲ

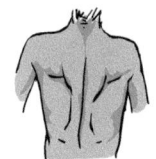

bei bu

ሕቖ

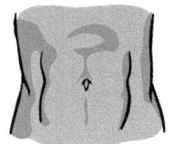

du zi

ከስዐ

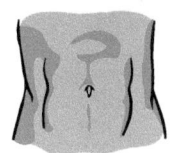

du qi

ሕምብርቲ

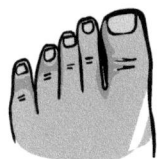

jiao zhi

ኣጻብዕ እግሪ

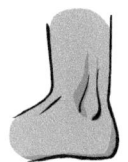

jiao hou gen

ኩርኵረ

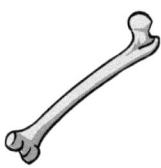

gu tou

ዓጽሚ

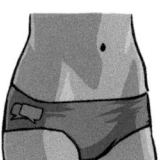

tun bu

ምሕኰልቲ

xi gai

ብርኪ

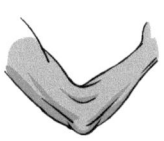

shou zhou

ፌግፌጐ

bi zi

ኣፍንጫ

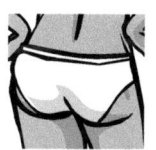

pi gu

መዓኮር

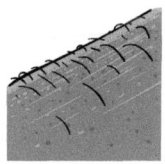

pi fu

ቆርበት

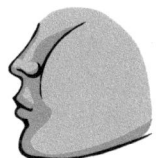

lian jia

ምዕጉርቲ

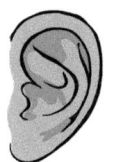

er duo

እዝኒ

zui chun

ከንፈር

shen ti - ኣካላት   69

zui

አፍ

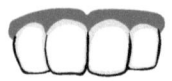

ya chi

ስኒ

she tou

መልሓስ

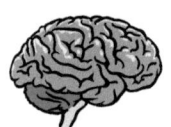

nao

ሓንጎል

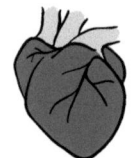

xin zang

ልቢ

ji rou

ጭዋዳ

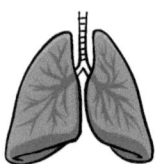

fei

ሳንቡእ

gan zang

ጸላም ከብዲ

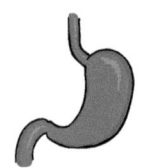

wei

ከብዲ

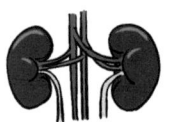

shen zang

ኩሊት

xing jiao

ግብረ ስጋ

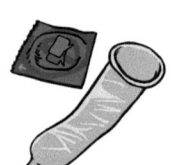

bi yun tao

ኮንዶም

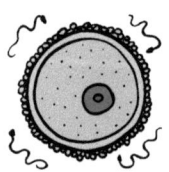

luan zi

እንቋቑሓ

jing zi

ዘርኢ ተባዕታይ

huai yun

ጥንሲ

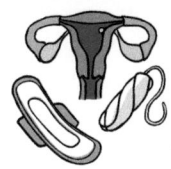

yue jing

ጽግያት

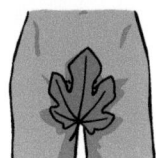

yin dao

ርሕሚ

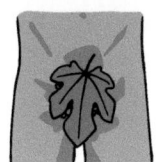

yin jing

መትሎ

mei mao

ሽፋሽፍቲ

tou fa

ጸጉሪ

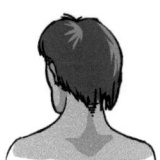

bo zi

ክሳድ

yi yuan
ሆስፒታል

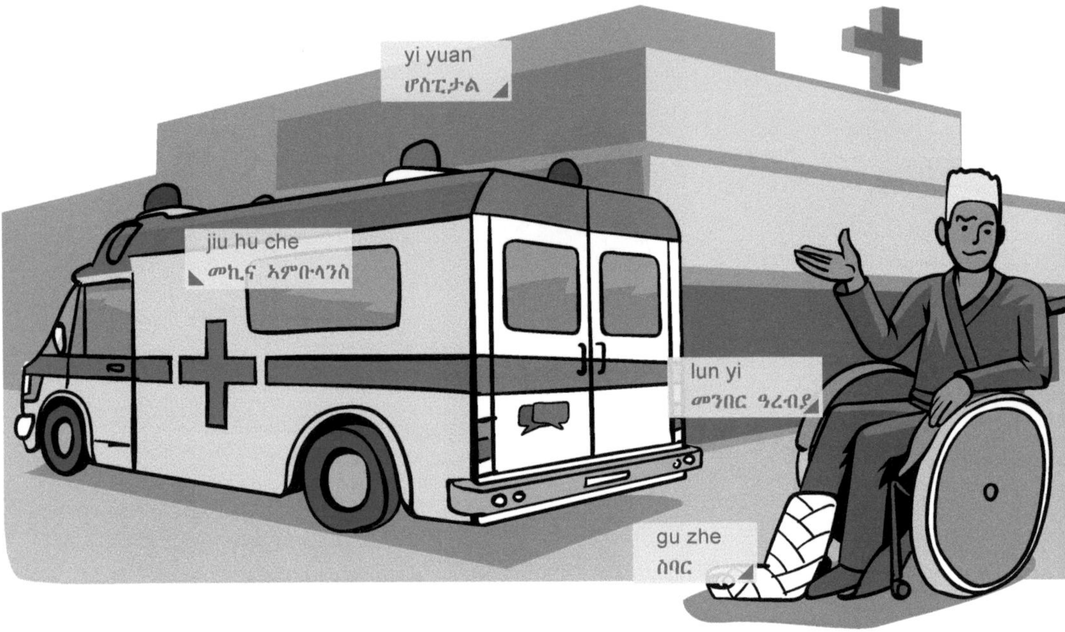

yi yuan
ሆስፒታል
jiu hu che
መኪና ኣምቡላንስ
lun yi
መንበር ዓረብያ
gu zhe
ስባር

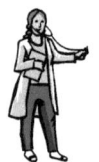

yi sheng

ሓኪም

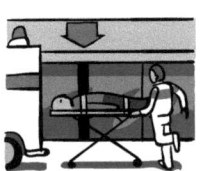

ji zhen shi

ክፍሊ ህጹጽ ረድኤት

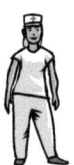

hu shi

ኣላይት

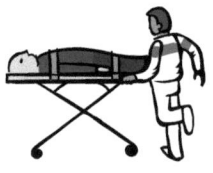

jin ji qing kuang

ህጹጽ ኩነት

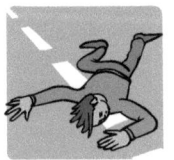

hun mi

ውነኡ ዘጥፍአ

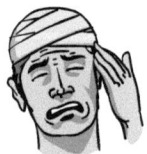

tong

ቃንዛ

shou shang

ጉድኣት

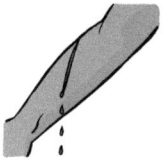

chu xue

ደም

xin zang bing fa zuo

ማህረምቲ

zhong feng

ማህረምቲ

guo min

ኣለርጂ

ke sou

ሰዓል

fa shao

ረስኒ

liu gan

ኡንፍልወንዛ

fu xie

ውጽኣት

tou tong

ቃንዛ ርእሲ

ai zheng

መንሽሮ

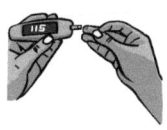

tang niao bing

ሹኮርያ

wai ke yi sheng

ሓኪም መጥባሕቲ

shou shu dao

መጥብሒ

shou shu

መጥባሕቲ

CT

CT

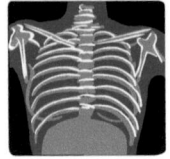

X guang

ራጄ

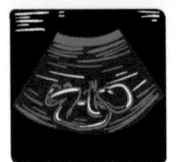

chao sheng bo

ልዕለ ድምጸዊ

kou zhao

መሸፈኒ ገጽ

ji bing

ሕማም

hou zhen shi

ክፍሊ ምጽባይ

guai zhang

ምርኩስ

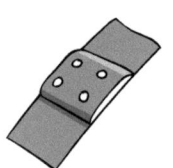

shi gao

መጅነኒ ቹስሊ

beng dai

መጅነኒ

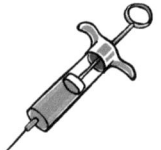

zhu she

መርፍዕ ምውጋእ

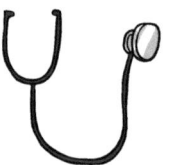

ting zhen qi

ስተቶስኮፕ

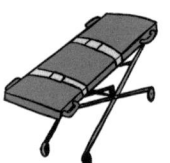

dan jia

መሰከሚ ሕማም

ti wen ji

ቴርሞመተር

chu sheng

ትውልዲ

chao zhong

ልዕለ-ሚዛን

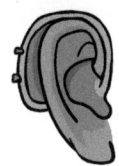

zhu ting qi

ሓገዝ ምስማዕ

xiao du ye

ኣንጻሂ

gan ran

ልበዳ

bing du

ቫይረስ

ai zi bing

ኤድስ

yao wu

ሕክምና

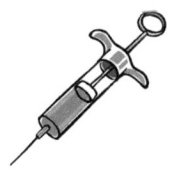

jie zhong yi miao

ክታበ

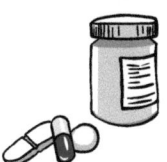

yao pian

ከኒና

yao wan

ከኒና

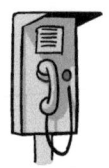

ji jiu dian hua

ህጹጽ ምድዋል

xue ya ji

መዕቀኒ ጸቕጢ ደም

sheng bing/jian kang

ሕሙም / ጥዑይ

jiu ming!

ሓገዝ

jing bao

ኣላርም

tu ji

ምህጃም

gong ji

መጥቃዕቲ

wei xian

ድንገት

jin ji chu kou

ህጹጽ መውጽኢ

zhao huo la!

ሓዊ!

mie huo qi

መጥፍኢ ሓዊ

yi wai

ሓደጋ

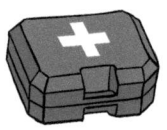

ji jiu xiang

ሳንጣ ቀዳማይ ረድኤት

hu jiu xin hao

SOS

jing cha

ፖሊስ

ou zhou

ኤውሮጳ

bei mei zhou

ሰሜን አመሪካ

nan mei zhou

ደቡብ አመሪካ

fei zhou

አፍሪቃ

ya zhou

ኤስያ

ao zhou

አውስትራልያ

da xi yang

አትላንቲክ

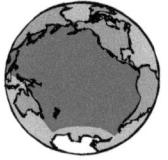

tai ping yang

ፓሲፊክ

yin du yang

ህንዳዊ ዉቅያኖስ

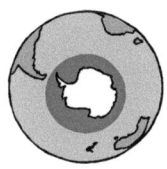

nan bing yang

አንታርቲካዊ ዉቅያኖስ

bei bing yang

አርክቲካዊ ዉቅያኖስ

bei ji

ሰሜናዊ ዋልታ

nan ji

ደቡባዊ ዋልታ

nan ji zhou

አንታርቲካ

di qiu

ምድሪ

lu di

መሬት

hai

ባሕሪ

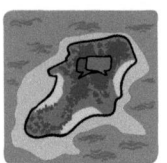

dao

ደሴት

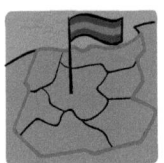

guo jia

ሃገር

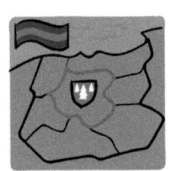

guo jia

ዓዲ

zhong mian

ገጽ ሰዓት

shi zhen

ኣመልካቲ ሰዓታት

fen zhen

ኣመልካቲ ደቓይቕ

miao zhen

ኣመልካቲ ካልኢት

xian zai ji dian?

ሰዓት ክንደይ ኣሎ?

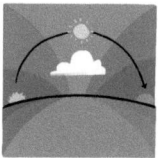

tian

መዓልቲ

shi jian

ግዜ

xian zai

ሕጂ

dian zi biao

ዲጂታል ሰዓት

fen

ደቒቕ

shi

ሰዓት

zhou

ሰሙን

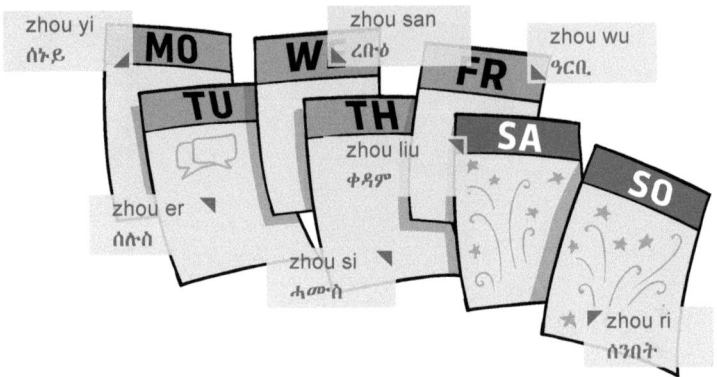

zuo tian

ትማሊ.

jin tian

ሎሚ

ming tian

ጽባሕ

zao chen

ንጎሆ

zhong wu

ቀትሪ

wan shang

ምሸት

gong zuo ri

መዓልታት ስራሕ

zhou mo

መወዳእታ ሰሙን

nian

ዓመት

yu
ዝናብ
cai hong
ቀስተ-ደመና
feng
ንፋስ
xue
በረድ
chun
ጽድያ
qiu
ቀውዒ
xia
ሓጋይ
dong
ክረምቲ

4.APRIL 11°
5.APRIL 4°
6.APRIL 13°
7.APRIL 8°
8.APRIL 10°

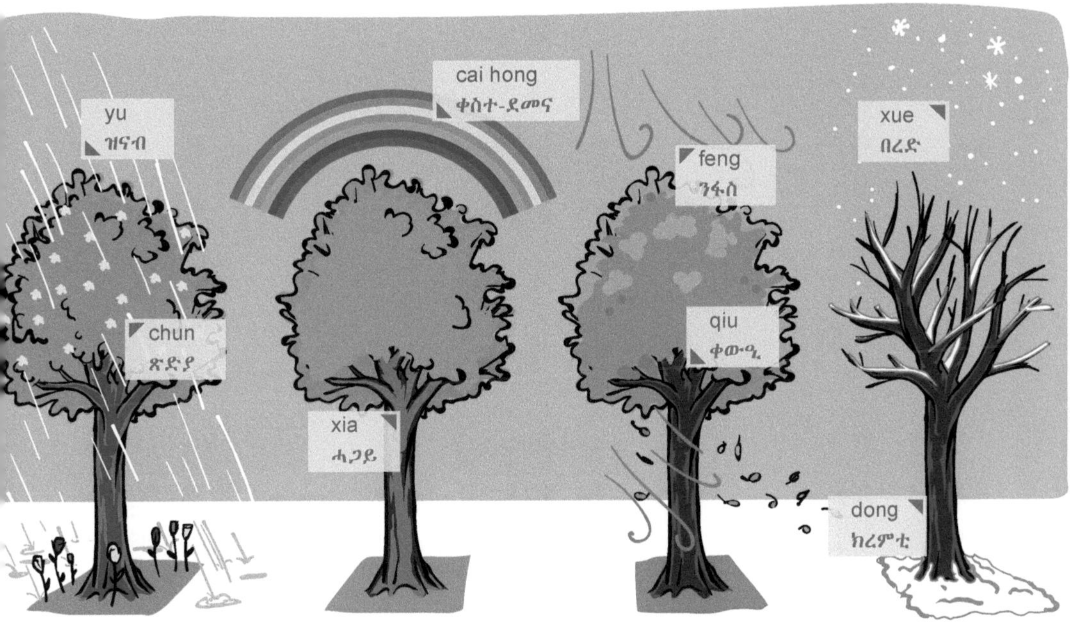

tian qi yu bao

ትንቢት ኩነታት ኣየር

F
C
120
90
60
30
0
-30
40
30
20
10
0
-10
-20

wen du ji

ቴርሞመተር

yang guang

ብርሃን ጸሓይ

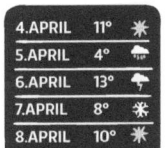

yun

ደበና

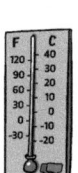

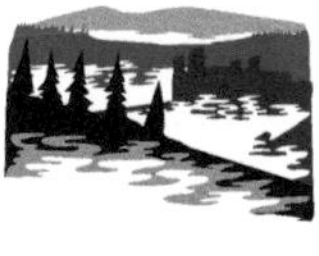

wu

ግመ

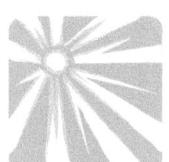

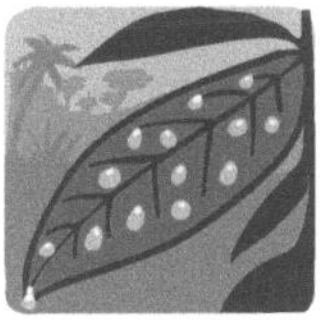

chao shi

ጠሊ

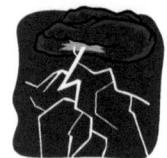

shan dian

ብርቂ

da lei

ነጕዳ

feng bao

ህቦብላ

bing bao

በረድ

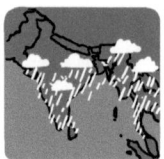

ji feng

ብርቱዕ ህቦብላ

hong shui

ውሕጅ

bing

በረድ

yi yue

ጥሪ

er yue

ለካቲት

san yue

መጋቢት

si yue

ሚያዝያ

wu yue

ጉንበት

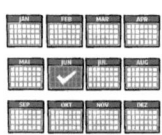

liu yue

ሰነ

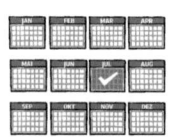

qi yue

ሓምለ

ba yue

ነሓሰ

nian - ዓመት

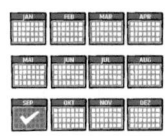

jiu yue

መስከረም

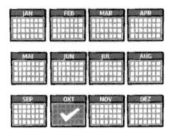

shi yue

ጥቅምቲ

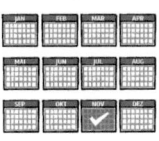

shi yi yue

ሕዳር

shi er yue

ታሕሳስ

xing zhuang

ቅርጽታት

yuan xing

ዙርያ

zheng fang xing

ትርብዒት

chang fang xing

ቅኑዕ ርቡዕ ኵርናዕ

san jiao xing

ስሉስ ኵርናዕ

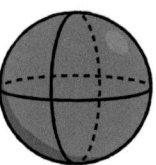

qiu ti

ክቢ

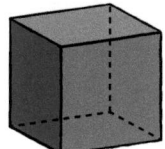

li fang ti

ኩቦ

bai

ጸዕዳ

huang

ብጫ

cheng

አራንቺ

fen

ፒንክ

hong

ቀይሕ

zi

ጁኸ

lan

ሰማያዊ

lü

ቀጠልያ

zong

ቡናዊ

hui

ሓሙኽሽታይ

hei

ጸሊም

hen duo/shao xu

ብዙሕ / ውሑድ

sheng qi/ping jing

ሕሩቕ / ሰላማዊ

mei/chou

ጽቡቕ / ክፉእ

shou/wei

መጀመርያ / መወዳእታ

da/xiao

ዓቢ / ንእሽቶ

ming/an

ብሩህ / ጸልማት

xiong di/jie mei

ሓው / ሓፍት

gan jing/ang zang

ጽሩይ / ርሳሕ

wan zheng/que shi

ምሉእ / ዘይምሉእ

bai tian/wan shang

መዓልቲ / ለይቲ

si/sheng

ሙዉት / ህልው

kuan/zhai

ሰፊሕ / ጸቢብ

ke shi yong/fei shi yong

ደስ ዘበል / ደስ ዘይብል

xie e/shan liang

እኩይ / ህያዋይ

xing fen/wu liao

ርቡጽ / ስልኩዩ

pang/shou

ረጒድ / ቀጢን

di yi/zui hou

ቀዳማይ / ናይ መወዳእታ

peng you/di ren

ዓርኪ / ጸላኢ

man/kong

ምሉእ / ባዶ

ying/ruan

ተሪር / ልስሉስ

zhong/qing

ከቢድ / ፈኵስ

e/ke

ጥምየት / ጽምየት

sheng bing/jian kang

ሕሙም / ጥዑይ

fei fa/he fa

ዘይሕጋዊ / ሕጋዊ

cong ming/yu ben

መስተውዓሊ / ስዲ

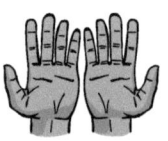

zuo/you

ጸጋም / የማን

jin/yuan

ቐረባ / ርሑቕ

xin/jiu

ሓዲሽ / ብሉይ

mei you/you xie

ዋላ ሓደ / ገለ

lao/you

ዓቢ/ኣረጊት / መንእሰይ

kai/guan

ወልዕ / ኣጥፍእ

da kai/he shang

ክፉት / ዕጹው

an jing/chao nao

ህዱእ / ዓው

fu/qiong

ሃብታም / ድኻ

dui/cuo

ቅኑዕ / ግጉይ

cu cao/guang hua

ሓርፋፍ / ልሙጽ

shang xin/gao xing

ጉሁይ / ሕጉስ

duan/chang

ሓጺር / ነዊሕ

man/kuai

ቀስ / ቅልጡፍ

shi/gan

ጥሉል / ንቑጽ

wen nuan/liang shuang

ምዉቕ / ዝሑል

zhan zheng/he ping

ውግእ / ሰላም

0	**1**	**2**
ling	yi	er
ዜሮ	ሓደ	ክልተ
3	**4**	**5**
san	si	wu
ሰለስተ	ኣርባዕተ	ሓሙሽተ
6	**7**	**8**
liu	qi	ba
ሽዱሽተ	ሽውዓተ	ሸሞንተ
9	**10**	**11**
jiu	shi	shi yi
ትሽዓተ	ዓሰርተ	ዓሰርተ ሓደ

12
shi er

ዓሰርተ ክልተ

13
shi san

ዓሰርተ ሰለስተ

14
shi si

ዓሰርተ ኣርባዕተ

15
shi wu

ዓሰርተ ሓሙሽተ

16
shi liu

ዓሰርተ ሽዱሽተ

17
shi qi

ዓሰርተ ሽውዓተ

18
shi ba

ዓሰርተ ሸሞንተ

19
shi jiu

ዓሰርተ ትሽዓተ

20
er shi

ዕስራ

100
bai

ሚእቲ

1.000
qian

ሽሕ

1.000.000
bai wan

ሚልዮን

ying yu

እንግሊዝኛ

mei shi ying yu

አሜሪካዊ እንግሊዛዊ

pu tong hua

ቻይናዊ ማንዳሪን

yin di yu

ሂንዳዊ

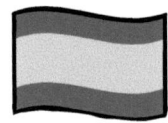

xi ban ya yu

እስጳኛዊ

fa yu

ፈረንሳዊ

a la bo yu

ዓረባዊ

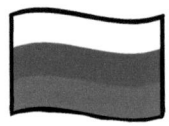

e yu

ሩሲያዊ

pu tao ya yu

ፖርቱጋላዊ

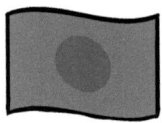

feng jia la yu

በንጋሊ

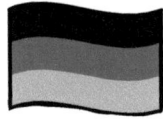

de yu

ጀርመናዊ

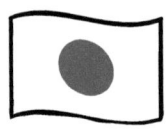

ri yu

ጃፓናዊ

wo

አነ

ni

ንስኻ/ኺ

ta/ta/ta

ንሱ / ንሳ / ንሱ

wo men

ንሕና

ni men

ንስኻ

ta men

ንሳቶም

shei?

መን?

shen me?

እንታይ?

zen yang?

ከመይ?

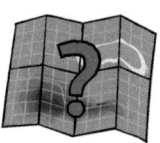

na li?

አበይ?

shen me shi hou?

መዓስ?

ming zi

ሽም

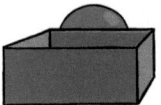

hou mian
ድሕሪ

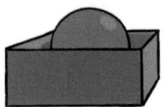

li mian
ኣብ

qian mian
ኣብ ቅድሚ

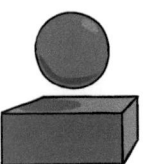

shang fang
ኣብ ላዕሊ

shang mian
ኣብ ልዕሊ

xia mian
ትሕቲ ምድሪ

pang bian
ኣብ ጥቓ

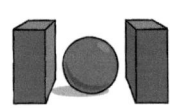

zhong jian
ኣብ መንጎ

di dian
ቦታ